AF220447

Impressum
Verlag: BABADADA GmbH, Nedderfeld 112 , 22529 Hamburg
Geschäftsführer / Verlagsleitung: Harald Hof
Druck: Books on Demand GmbH, In de Tarpen 42, 22848 Norderstedt

Imprint
Publisher: BABADADA GmbH, Nedderfeld 112 , 22529 Hamburg, Germany
Managing Director / Publishing direction: Harald Hof
Print: Books on Demand GmbH, In de Tarpen 42, 22848 Norderstedt

المدرسة
école

القسم
salle de classe
يقسم
diviser
186/2
اللوح
tableau noir
cour (de récréation)
المعلّم
professeur
ورقة
papier
يكتب
écrire
القلم
stylo
طاولة المكتب
bureau
المسطرة
règle
الكتاب
livre
التلميذ
élève

الحقيبة المدرسية
cartable

المقلمة
trousse

قلم الرصاص
crayon

البرّاية
taille-crayon

الممحاة
gomme

دفتر الرسم
carnet à dessin

الرسمة

dessin

الفرشاة

pinceau

علبة التلوين

boîte de peinture

المقص

ciseaux

المادة اللاصقة

colle

دفتر التمارين

cahier d'exercices

الواجب المدرسي

devoirs

12

الرقم

chiffre

2+2

يجمع

additionner

5-2

يطرح

soustraire

2×2

يضرب

multiplier

يحسب

calculer

A

الحرف

lettre

ABCDEFG
HIJKLMN
OPQRSTU
VWXYZ

الأبجدية

alphabet

hello

كلمة

mot

النص

texte

يقرأ

lire

الطبشور

craie

الحصة

leçon

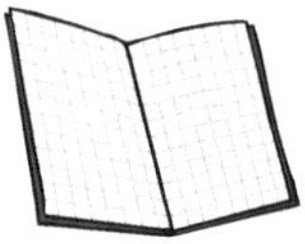

دفتر الدوام المدرسي

livre de classe

الامتحان

examen

شهادة

certificat

اللباس المدرسي

uniforme scolaire

التعليم

formation

الموسوعة

lexique

الجامعة

université

المِجهر

microscope

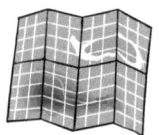

الخريطة

carte

قماما

corbeille à papier

فندق
hôtel
بيت الشباب
auberge
مكتب صرافة
bureau de change
حقيبة
valise
سيارة
voiture

اللغة
langue

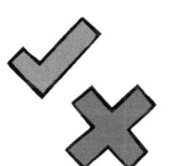

نعم / لا
oui / non

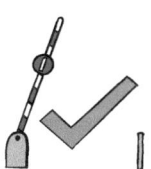

حسناً
d'accord

مرحباً
Salut

مترجم
interprète

شكراً
merci

كم ثمن ... ؟

Combien coûte...?

لا أفهم

Je ne comprends pas

مشكلة

problème

مساء الخير

Bonsoir !

صباح الخير!

Bonjour !

ليلة سعيدة

Bonne nuit !

إلى اللقاء

Au revoir

اتجاه

direction

أمتعة السفر

bagages

حقيبة

sac

حقيبة ظهر

sac-à-dos

ضيف

hôte

غرفة

pièce

كيس للنوم

sac de couchage

خيمة

tente

استعلامات سياحية

office de tourisme

شاطئ

plage

بطاقة ائتمان

carte de crédit

إفطار

petit-déjeuner

طعام الغداء

déjeuner

العشاء

dîner

بطاقة سفر

billet

مصعد

ascenseur

طابع بريدي

timbre

حدود

frontière

الجمارك

douane

سفارة

ambassade

تأشيرة

visa

جواز سفر

passeport

نقل
transport

طائرة
avion
سفينة
navire
سيارة إطفاء
véhicule de pompiers
حافلة
bus
سيارة شاحنة
camion
زورق آلي
bateau à moteur
درّاجة
bicyclette
سيارة
voiture

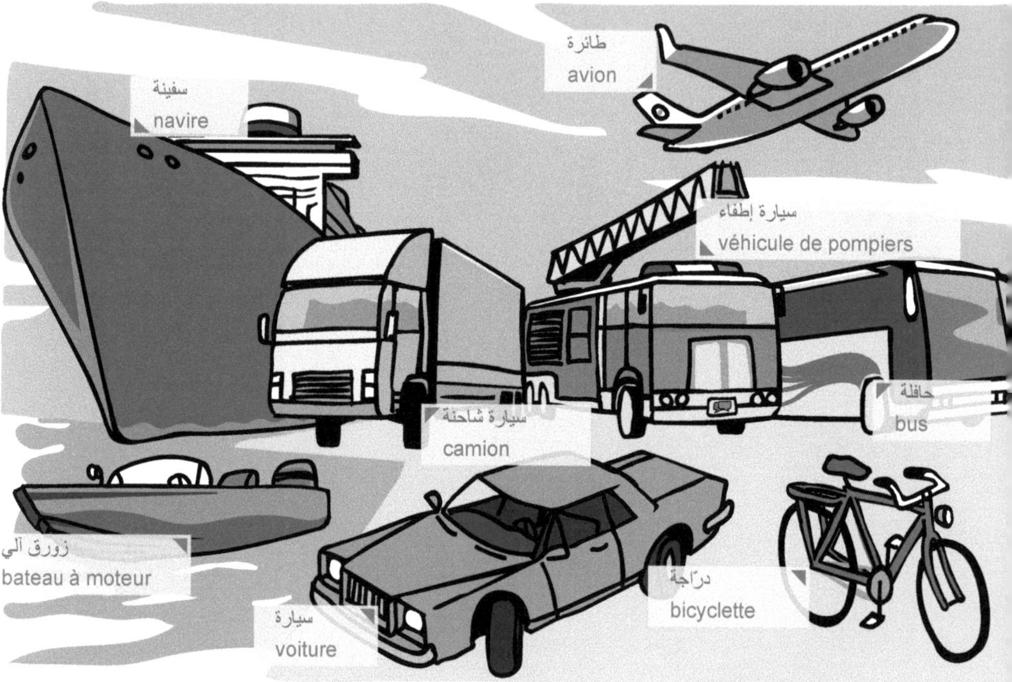

عبارة
....
ferry

قارب
....
barque

دراجة نارية
....
moto

سيارة شرطة
....
voiture de police

سيارة سباق
....
voiture de course

سيارة مستأجرة
....
voiture de location

أسلوب تشاركي في استئجار السيارا

....

auto-partage

سيارة للجر

....

voiture de remorquage

سيارة نقل القمامة

....

benne à ordures

محرك

....

moteur

وقود

....

essence

محطة وقود

....

station d'essence

إشارة مرور

....

panneau indicateur

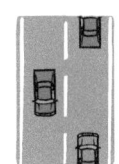

حركة السير

....

trafic

ازدحام سير

....

embouteillage

موقف سيارات

....

parking

محطة قطار

....

gare

سكك حديدية

....

rails

قطار

....

train

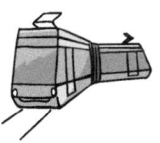

ترام

....

tramway

عربة قطار

....

wagon

طائرة مروحية

hélicoptère

مطار

aéroport

برج

tour

مسافر

passager

حاوية

conteneur

علبة كرتون

carton

عربة يد

chariot

سلة

corbeille

يقلع / يهبط

décoller / atterrir

مدينة

ville

قرية

village

مركز المدينة

centre-ville

بيت

maison

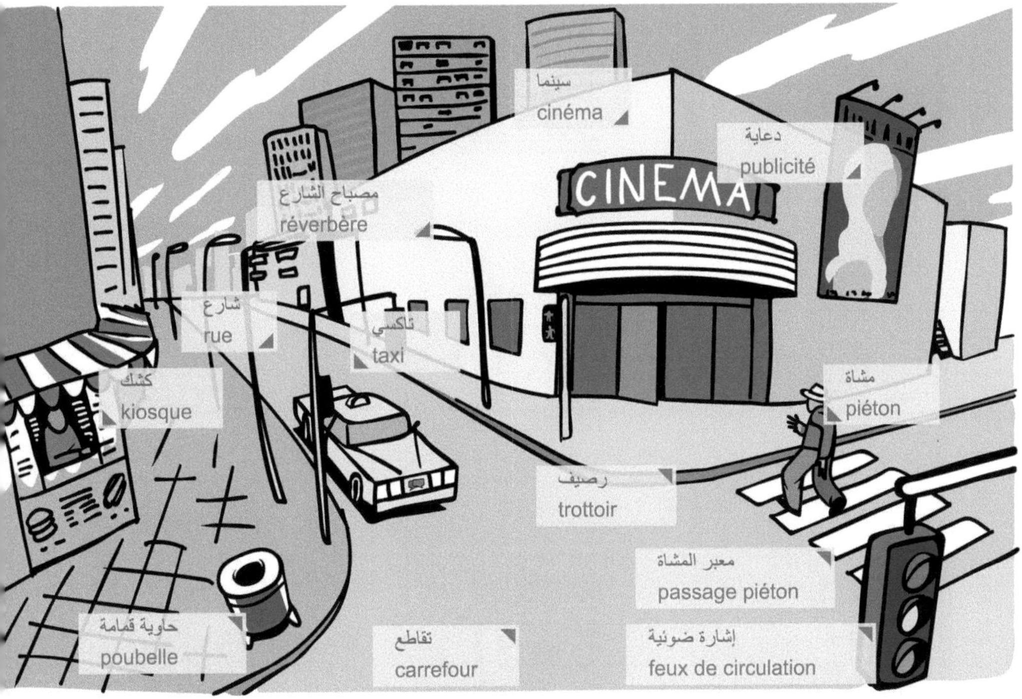

سينما
cinéma

دعاية
publicité

مصباح الشارع
réverbère

CINEMA

شارع
rue

تاكسي
taxi

كشك
kiosque

مشاة
piéton

رصيف
trottoir

معبر المشاة
passage piéton

حاوية قمامة
poubelle

تقاطع
carrefour

إشارة ضوئية
feux de circulation

كوخ
cabane

شقة
appartement

محطة قطار
gare

دار البلدية
mairie

متحف
musée

المدرسة
école

الجامعة

université

مصرف

banque

المستشفى

hôpital

فندق

hôtel

صيدلية

pharmacie

مكتب

bureau

مكتبة

librairie

متجر

magasin

محل لبيع الزهور

fleuriste

سوبرماركت

supermarché

سوق

marché

متجر كبير

grand magasin

تاجر السمك

poissonnerie

مركز تسوّق

centre commercial

ميناء

port

حديقة عامة

parc

مقعد

banque

جسر

pont

درج، سلم

escaliers

مترو

métro

نفق

tunnel

موقف حافلات

arrêt de bus

بار

bar

مطعم

restaurant

صندوق البريد

boîte à lettres

لافتة باسم الشارع

panneau indicateur

مقياس زمن الوقوف

parcmètre

حديقة حيوانات

zoo

مسبح

piscine

مسجد

mosquée

مزرعة
ferme

تلوث البيئة
pollution

مقبرة
cimetière

كنيسة
église

ملعب الأطفال
aire de jeux

معبد
temple

طبيعة ريفية

paysage

ورقة
feuille

علامة إرشاد
panneau indicateur

طريق
chemin

مرج
pré

حجر
pierre

شجرة
arbre

رحالة
randonneur

نهر
rivière

عشب
herbe

زهرة
fleur

وادٍ
....
vallée

جبل
....
montagne

بحيرة
....
lac

غابة
....
forêt

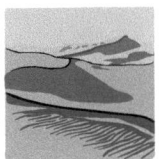

صحراء
....
désert

بركان
....
volcan

قلعة
....
château

قوس قزح
....
arc-en-ciel

فِطر
....
champignon

نخلة
....
palmier

بعوض
....
moustique

ذبّابة
....
mouche

نملة
....
fourmis

نحلة
....
abeille

عنكبوت
....
araignée

خنفساء

....

coléoptère

ضفدعة

....

grenouille

سنجاب

....

écureuil

قنفذ

....

hérisson

أرنب

....

lièvre

بومة

....

chouette

عصفور

....

oiseau

بجعة

....

cygne

خنزير برّي

....

sanglier

غزال

....

cerf

إلكة

....

élan

سد

....

barrage

دولاب الطاحونة الهوائية

....

éolienne

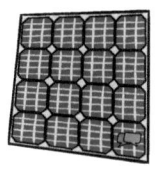

خلية شمسية

....

panneau solaire

مناخ

....

climat

مطعم

restaurant

نادل
serveur

لائحة الطعام
menu

كرسي
chaise

حساء
soupe

بيتزا
pizza

أدوات المائدة
couverts

غطاء المائدة
nappe

مقبلات
hors d'œuvre

الصحن الرئيسي
plat principal

حلوى أو فاكهة بعد الطعام
dessert

مشروبات
boissons

طعام
alimentation

زجاجة
bouteille

وجبات سريعة

fast-food

طعام الشارع

plats à emporter

إبريق الشاي

théière

علبة السكر

sucrier

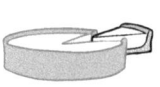

حصّة

portion

آلة الإسبريسو

machine à expresso

كرسي عالٍ

chaise haute

فاتورة

facture

صينية

plateau

سكين

couteau

شوكة

fourchette

ملعقة

cuillère

ملعقة الشاي

cuillère à thé

منديل المائدة

serviette

كأس

verre

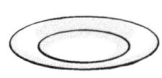

صحن

assiette

صحن الحساء

assiette à soupe

صحن الفنجان

soucoupe

صلصة

sauce

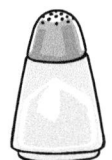

مملحة

salière

مطحنة الفلفل

moulin à poivre

خلّ

vinaigre

زيت الطعام

huile

توابل

épices

كتشاب

ketchup

خردل

moutarde

مايونيز

mayonnaise

سوبرماركت

supermarché

عرض خاص
offre promotionnelle
FOR
زبون
client
مشتقات الحليب
produits laitiers
فواكه
fruits
عربة تسوّق
chariot

جزّار
....
boucherie

مخبز
....
boulangerie

يزن
....
peser

خضار
....
légumes

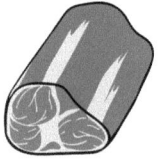

لحم
....
viande

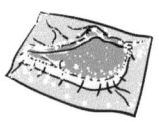

المأكولات المجمّدة
....
aliments surgelés

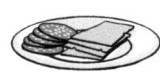

مرتدلا أو جبن

charcuterie

معلبات

conserves

مسحوق الغسيل

poudre à lessive

حلويات

bonbons

المواد المنزلية

articles ménagers

منظفات

détergents

بائعة

vendeuse

صندوق الحساب

caisse

أمين صندوق

caissier

قائمة المشتريات

liste d'achats

أوقات العمل

heures d'ouverture

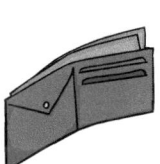

محفظة النقود

portefeuille

بطاقة ائتمان

carte de crédit

حقيبة

sac

كيس بلاستيكي

sac en plastique

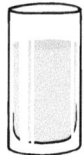

مشروبات
boissons

ماء

eau

عصير

jus de fruit

حليب

lait

كولا

coca

نبيذ

vin

بيرة

bière

كحول

alcool

كاكاو

chocolat chaud

شاي

thé

قهوة

café

قهوة إسبريسو

expresso

كابوتشينو

cappuccino

طعام

alimentation

موزة

....

banane

تفاح

....

pomme

برتقال

....

orange

بطيخ

....

melon

ليمون

....

citron

جزرة

....

carotte

ثوم

....

ail

خيزران

....

bambou

بصل

....

oignon

فِطر

....

champignon

لوزيات

....

noisettes

شعيرية

....

pâtes

سباغيتي

spaghetti

أرزّ

riz

سلطة

salade

بطاطا مقلية

pommes frites

بطاطا مقلية

pommes de terre rôties

بيتزا

pizza

هامبورغر

hamburger

ساندويش

sandwich

شريحة لحم مقلية

escalope

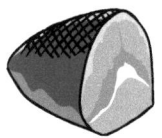

لحم خنزير

jambon

سلامي

salami

سجق

saucisse

دجاج

poulet

لحم محمر

rôti

سمك

poisson

دقيق الشوفان

flocons d'avoine

موسلي

muesli

كورن فلكس

cornflakes

طحين

farine

كرواسان

croissant

خبز صغير

petits-pains

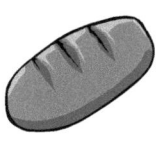

خبز

pain

خبز محمص

pain grillé

بسكويت

biscuits

زبدة

beurre

لبن زبادي

le fromage blanc

كعكة

gâteau

بيضة

œuf

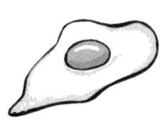

بيض مقلي

œuf au plat

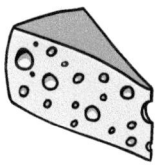

جبنة

fromage

مثلجات

glace

سكر

sucre

عسل

miel

مربّى الفاكهة

confiture

كريم النوغا

crème nougat

الكاري

curry

مزرعة

ferme

مخزن غلال
grange
رزمة من التبن
botte de paille
حقل
champ
حصان
cheval
مقطورة
remorque
جرار
tracteur
مهر
poulain
حمار
âne
خروف
mouton
خروف
agneau

ماعز

chèvre

بقرة

vache

عجل

veau

خنزير

porc

خنزير صغير

porcelet

ثور

taureau

إوزّة

oie

بطة

canard

صوص

poussin

دجاجة

poule

ديك

coq

جرذ

rat

قطّة

chat

فأر

souris

ثور

bœuf

كلب

chien

كوخ الكلب

chenil

خرطوم الحديقة

tuyau de jardin

إبريق

arrosoir

منجل

faucheuse

المحراث

charrue

منجل

faucille

معزقة

pioche

مذراة الزبل

fourche

بلطة

hache

عربة يد

brouette

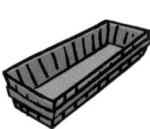

معلف

cuve

صفيحة الحليب

pot à lait

كيس

sac

سياج

clôture

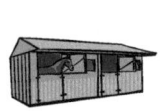

اصطبل

étable

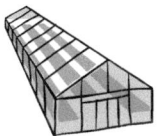

دفيئة

serre

تربة

sol

بذور

semences

سماد

engrais

حصّادة درّاسة

moissonneuse-batteuse

يحصد

récolter

محصول

récolte

بطاطا يامس

igname

قمح

blé

صويا

soja

بطاطا

pomme de terre

ذرة

maïs

سلجم

colza

شجرة فاكهة

arbre fruitier

نبات منيهوت

manioc

الحبوب

céréales

بيت
maison

مدخنة
cheminée
سقف
toit
مزراب
gouttière
نافذة
fenêtre
جرس الباب
sonnette
مرآب
garage
باب
porte
قمامة
poubelle
صندوق البريد
boîte aux lettres
حديقة
jardin

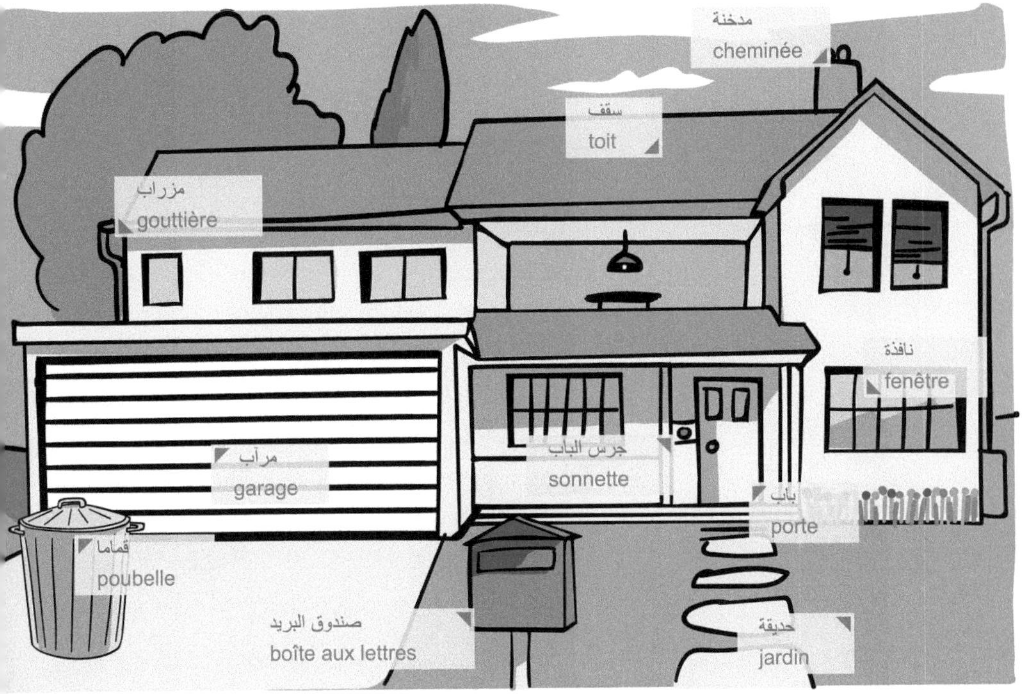

غرفة جلوس

salon

الحمّام

salle de bain

مطبخ

cuisine

غرفة النوم

chambre à coucher

غرفة الأطفال

chambre d'enfant

غرفة الطعام

salle à manger

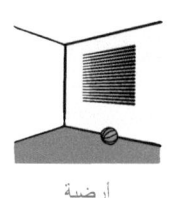

أرضية

sol

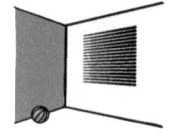

حائط

mur

سقف

plafond

قبو

cave

ساونا

sauna

بلكون

balcon

شرفة

terrasse

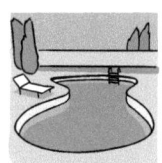

مسبح

piscine

جزّازة العشب

tondeuse à gazon

بياضات السرير

housse

بطانية

couette

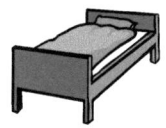

سرير

lit

مكنسة

balai

سطل

sceau

مفتاح كهربائي

interrupteur

غرفة جلوس

salon

ورق جدران
papier peint
صورة
image
مصباح كهربائي
lampe
رف
étagère
خزانة
armoire
تلفزيون
télé
موقد مفتوح
cheminée
زهرة
fleur
وسادة
coussin
كنبة
sofa
مزهرية
vase
تحكم عن بعد
télécommande

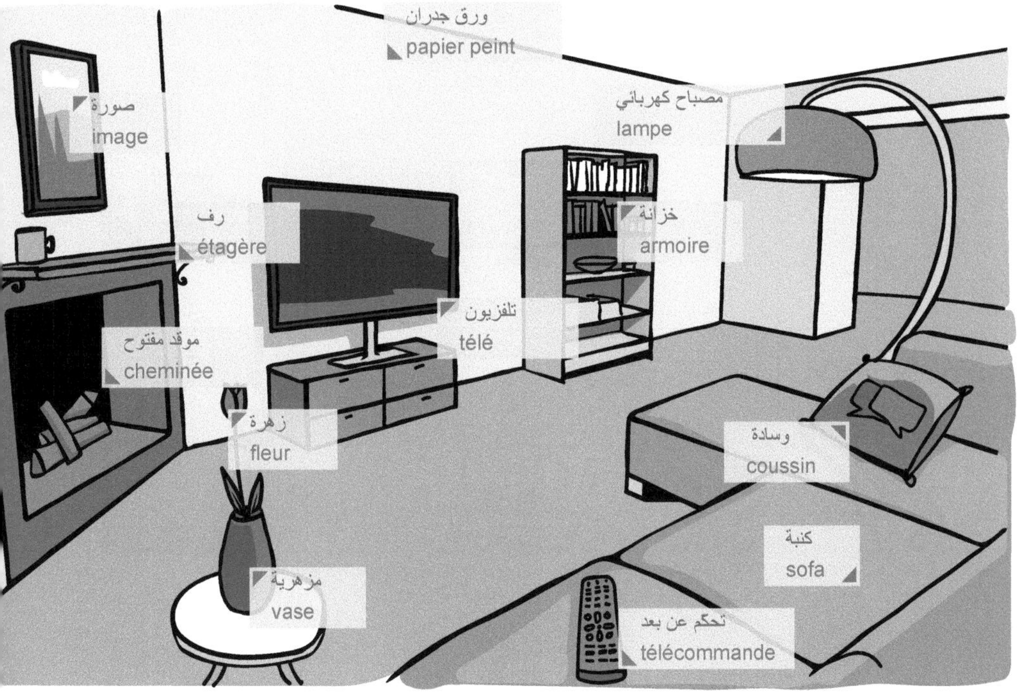

بصاط

tapis

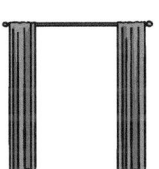

ستارة

rideau

طاولة

table

كرسي

chaise

كرسي هزّاز

chaise à bascule

كرسي ذو ذراعين

fauteuil

الكتاب

livre

بطانية

couverture

زخرفة

décoration

الحطب

bois de chauffage

فيلم

film

تجهيزات ستيريو

chaîne hi-fi

مفتاح

clé

جريدة

journal

لوحة مرسومة

peinture

مُلصق

poster

راديو

radio

دفتر ملاحظات

bloc-notes

المكنسة الكهربائية

aspirateur

صبّار

cactus

شمعة

bougie

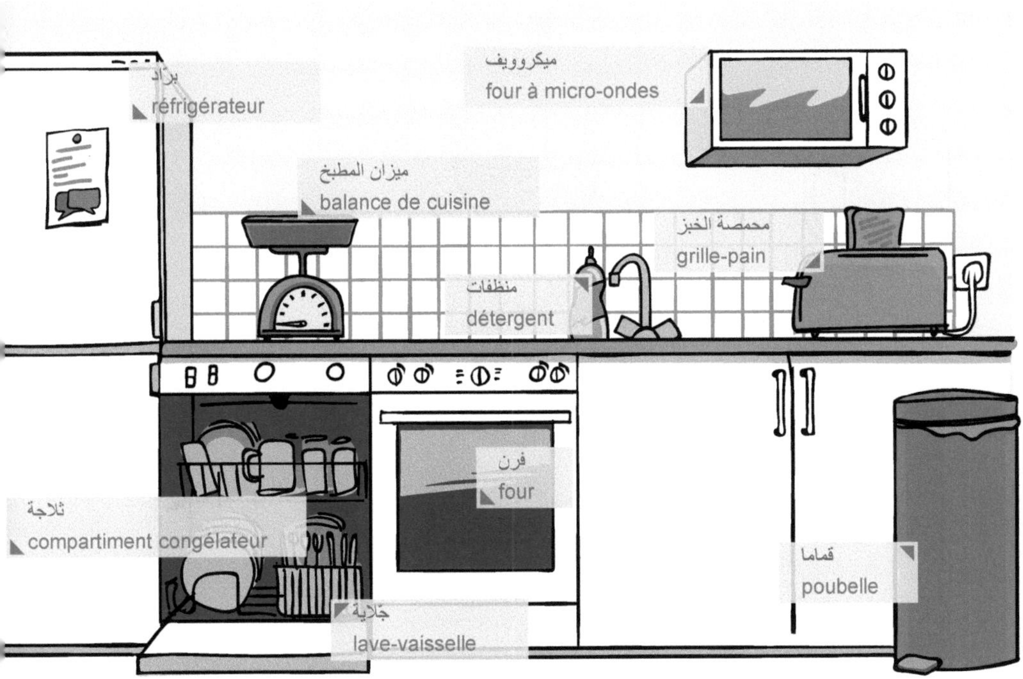

مطبخ
cuisine

réfrigérateur
ميكروويف
four à micro-ondes
ميزان المطبخ
balance de cuisine
محمصة الخبز
grille-pain
منظفات
détergent
فرن
four
ثلاجة
compartiment congélateur
poubelle
جلاية
lave-vaisselle

موقد
four

قِدر
casserole

وعاء من الحديد
marmite

قدر صيني
wok / kadai

مقلاة
poêle

غلاية
bouilloire electrique

مطبخ - cuisine 35

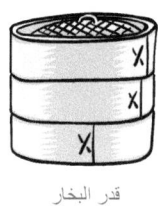

قدر البخار

cuiseur vapeur

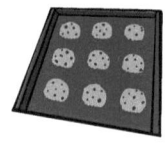

صينية

plaque de cuisson

أواني

vaisselle

فنجان

gobelet

صحن

coupe

عيدان الأكل

baguettes

مغرفة

louche

ملعقة منبسطة

spatule

خفاقة

fouet

مصفاة

passoire

مصفاة

tamis

مبشرة

râpe

هاون

mortier

شواء

barbecue

موقد

cheminée

لوح التقطيع

planche à découper

نشّابة

rouleau à pâtisserie

مفتاح الزجاجات

tire-bouchon

علبة

boîte

مفتاح العلب المعدنية

ouvre-boîte

قماش الفرن

maniques

مجلى

lavabo

فرشاة

brosse

إسفنج

éponge

خلاط

mixeur

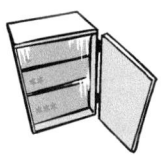

مجمّدة

congélateur

زجاجة الطفل

biberon

صنبور الماء

robinet

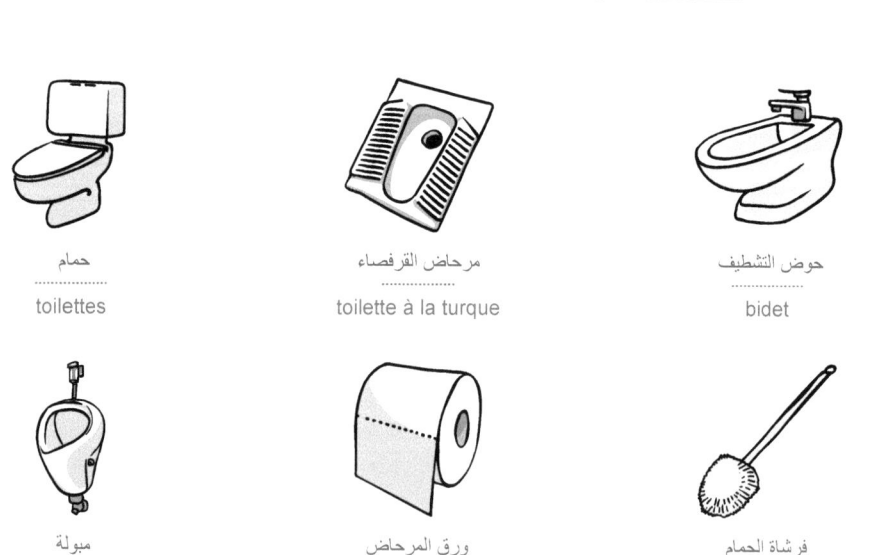

الحمّام
salle de bain

تدفئة
chauffage
منشفة
serviette
دوش
douche
ستارة الدوش
rideau de douche
حمام رغوة
bain moussant
حوض الحمام
baignoire
كأس
verre
غسّالة
machine à laver
صنبور الماء
robinet
بلاط
carrelage
قفازات مطاطية
pot
مجلى
lavabo

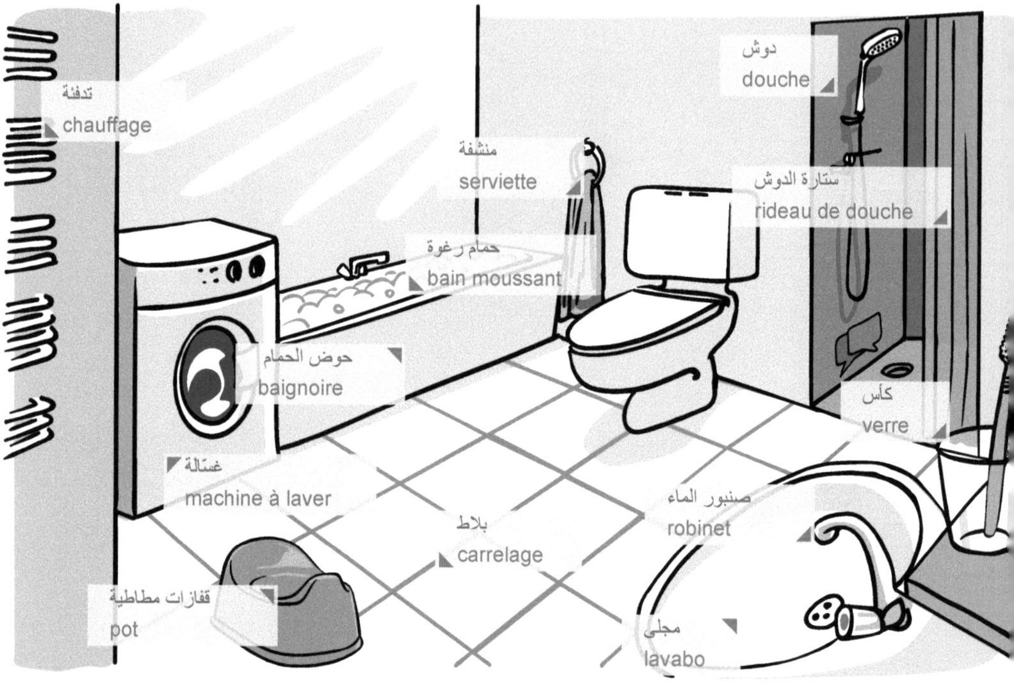

حمام

toilettes

مرحاض القرفصاء

toilette à la turque

حوض التشطيف

bidet

مبولة

urinoir

ورق المرحاض

papier toilette

فرشاة الحمام

brosse à toilette

فرشاة الأسنان

brosse à dents

معجون الأسنان

dentifrice

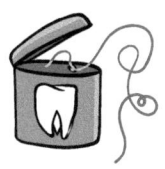

خيط حرير لتنظيف الأسنان

fil dentaire

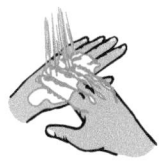

يغسل

laver

رشاش ماء يدوي

douche manuelle

شطاف

douche intime

حوض الغسيل

vasque

فرشاة الظهر

brosse dorsale

صابون

savon

جيل الدوش

gel douche

شامبو

shampooing

ممسحة

gant de toilette

مصرف للماء

écoulement

مرهم

crème

مزيل الروائح

déodorant

مرآة

miroir

مرآة يد

miroir cosmétique

موس حلاقة

rasoir

رغوة الحلاقة

mousse à raser

كولونيا

après-rasage

مشط

peigne

فرشاة

brosse

سشوار

sèche-cheveux

مثبت للشعر

laque pour cheveux

ماكياج

fond de teint

روج

rouge à lèvres

طلاء أظافر

vernis à ongles

قطن

ouate

مقص أظافر

coupe-ongles

عطر

parfum

سلة الغسيل

trousse de toilette

مقعد صغير

tabouret

ميزان

pèse-personne

معطف الحمام

peignoir

قفازات مطاطية

gants de nettoyage

سدادة قطنية

tampon

منشفة صحية

serviettes hygiéniques

تواليت كيميائية

toilette chimique

غرفة الأطفال

chambre d'enfant

منبّه
réveil
الحيوانات المحنطة
doudou
سيارة لعبة
voiture jouet
خشخشة
hochet
بيت الدمى
maison de poupée
هدية
cadeau

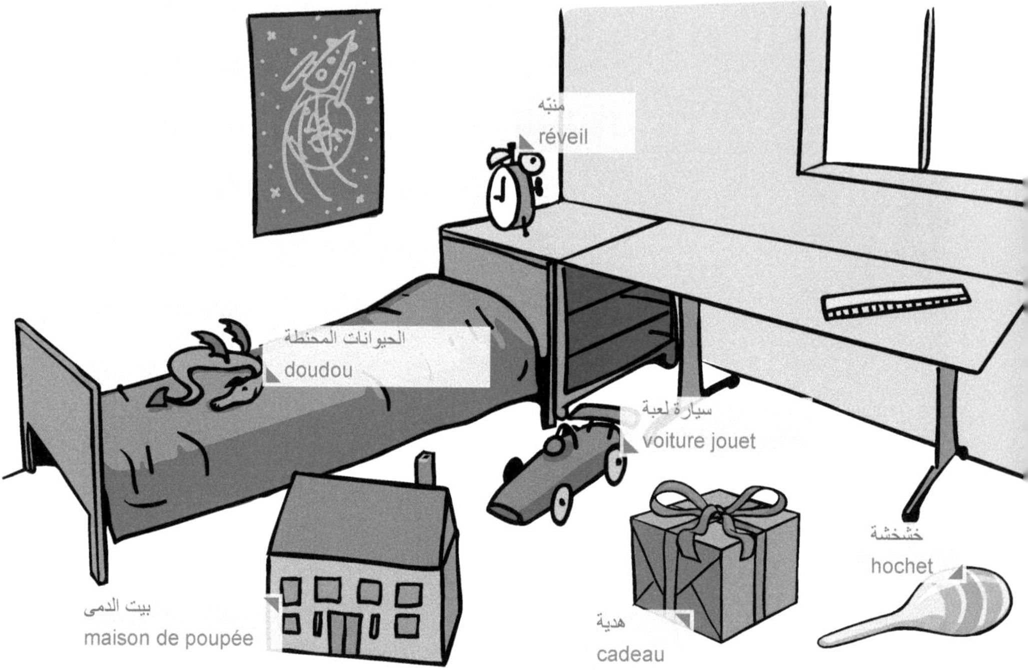

بالون

ballon

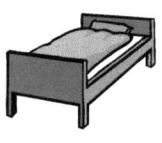

سرير

lit

عربة الأطفال

poussette

لعبة الورق

jeu de cartes

أحجية

puzzle

رسوم هزلية

bande dessinée

أحجار الليغو

pièces lego

حجارة تركيب

blocs de construction

دمية بطل

figurine

لباس الطفل

grenouillère

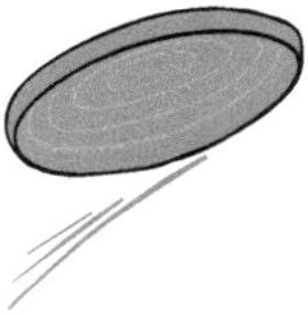

فريسبي

frisbee

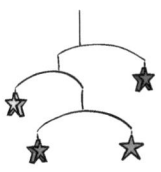

دمية معلّقة

mobile

لعبة الطاولة

jeu de société

لعبة النرد

dé

لعبة قطار

train miniature

مصّاصة

sucette

حفلة

fête

كتاب مصوّر

livre d'images

كرة

balle

دمية

poupée

يلعب

jouer

ملعب رملي للأطفال

bac à sable

أرجوحة

balançoire

لعبة

jouets

ألعاب فيديو

console de jeu

دراجة ثلاثية

tricycle

دمية على شكل الدب

ours en peluche

خزانة الثياب

armoire

ثياب

vêtements

جوارب قصيرة

chaussettes

جوارب طويلة

bas

جورب بنطلون

collant

شال
écharpe

شمسية
parapluie

تي شيرت
t-shirt

حزام
ceinture

أحذية رياضية
baskets

حذاء شتوي
bottes

شبشب
pantoufles

صندل
....
sandales

حذاء
....
chaussures

جزمة كاوتشوك
....
bottes de caoutchouc

سروال داخلي
....
sous-vêtements

صدّارة
....
soutien-gorge

قميص داخلي
....
maillot de corps

لباس ملاصق للجسم

body

بنطلون

pantalon

جينز

jean

تنورة

jupe

بلوزة

chemisier

قميص

chemise

سترة قطنية

pull

كنزة كم طويل

sweat à capuche

سترة فضفاضة

veste

سترة

veste

معطف

manteau

معطف مطري

imperméable

زي - طقم نسائي

costume

ثوب

robe

ثوب الزفاف

robe de mariée

طقم

costume

قميص نوم

chemise de nuit

بيجاما

pyjama

ساري

sari

حجاب

foulard

عمامة

turban

برقع

burqa

قفطان

caftan

عباءة

abaya

مايوه

maillot de bain

سروال سباحة

maillot de bain

شرت

short

بدلة رياضية

tenue d'entraînement

مئزر

tablier

قفازات

gants

زر

bouton

نظّارة

lunettes

إسوارة

bracelet

عقد

collier

خاتم

bague

قرط

boucle d'oreille

طاقيّة

bonnet

علاقة ثياب

cintre

قبّعة

chapeau

ربطة العنق

cravate

سحّاب

fermeture éclair

خوذة

casque

حمّالة البنطلون

bretelles

اللباس المدرسي

uniforme scolaire

زي موحّد

uniforme

مريلة الأطفال
....
bavoir

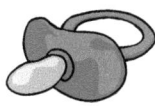

مصّاصة
....
sucette

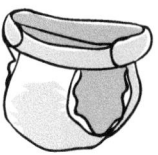

لفافة
....
lange

مكتب

bureau

المخدّم
serveur
خزانة الملفات
armoire d'archivage
طابعة
imprimante
ورقة
papier
شاشة
écran
طاولة المكتب
فارة
souris
ملف
classeur
لوحة المفاتيح
clavier
قماما
corbeille à papier
حاسوب
ordinateur
كرسي
chaise

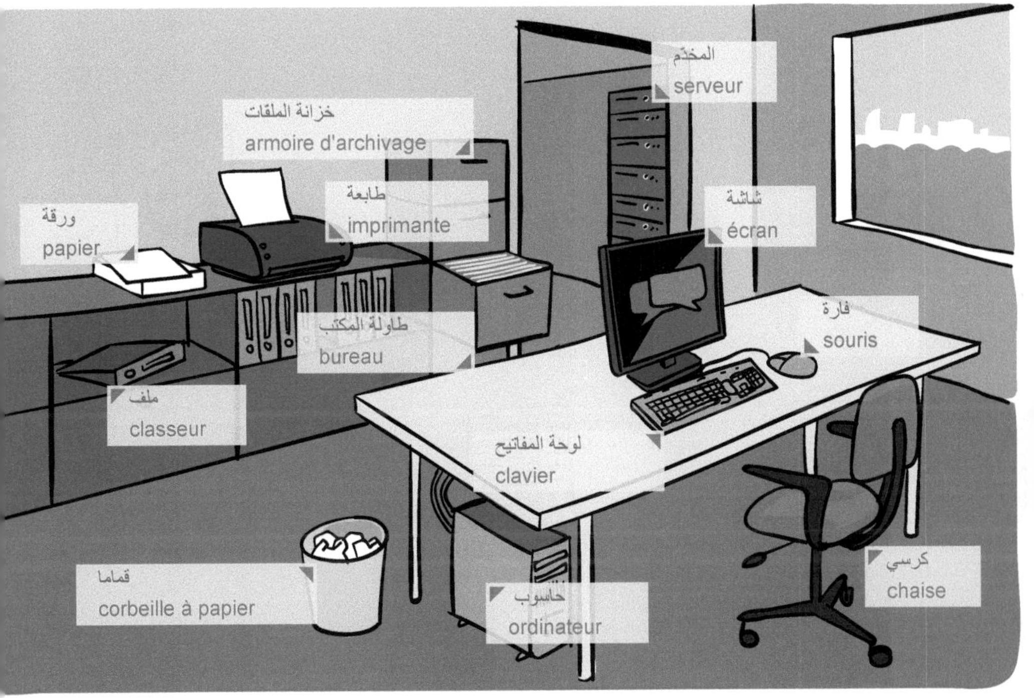

كأس من القهوة
....
tasse de café

الآلة الحاسبة
....
calculatrice

الإنترنت
....
internet

الحاسوب المحمول

ordinateur portable

رسالة

lettre

خبر

message

الهاتف المحمول

portable

شبكة

réseau

جهاز تصوير

photocopieuse

البرمجيات

logiciel

هاتف

téléphone

مقبس كهربائي

prise

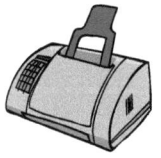

فاكس

fax

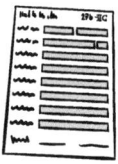

استمارة

formulaire

وثيقة

document

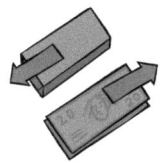

اقتصاد
économie

يشتري

acheter

يدفع

payer

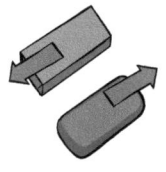

يتاجر

faire du commerce

مال

monnaie

دولار

dollar

يورو

euro

ين

yen

روبل

rouble

فرنك سويسري

franc suisse

يوان

renminbi yuan

روبية

roupie

صرّاف آلي

distributeur automatique

مكتب صرافة

bureau de change

ذهب

or

فضة

argent

نفط

pétrole

طاقة

énergie

سعر

prix

عقد

contrat

ضريبة

taxe

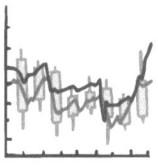

سهم

action

يعمل

travailler

موظف

employé

رب العمل

employeur

مصنع

usine

متجر

magasin

الشرطي
agent de police
رجل إطفاء
pompier
طبّاخ
cuisinier
الطبيب
médecin
طيّار
pilote

بستاني

jardinier

نجّار

menuisier

خيّاطة

couturière

قاض

juge

كيميائي

chimiste

ممثّل

acteur

سائق حافلة

conducteur de bus

سائق تاكسي

chauffeur de taxi

صياد سمك

pêcheur

أجيرة للتنظيف

femme de ménage

بنّاء سقف

couvreur

نادل

serveur

صيّاد

chasseur

رسّام

peintre

خباز

boulanger

كهربائي

électricien

عامل بناء

ouvrier

مهندس

ingénieur

لحّام

boucher

سمكري

plombier

ساعي البريد

facteur

جندي

soldat

مهندس معماري

architecte

أمين صندوق

caissier

بائع الزهور

fleuriste

حلاق

coiffeur

مراقب القطار

contrôleur

ميكانيكي

mécanicien

قبطان

capitaine

طبيب أسنان

dentiste

رجل العلم

scientifique

حاخام

rabbin

إمام

imam

راهب

moine

كاهن

prêtre

عدة عمل
outils

كمّاشة
pinces
مطرقة
marteau
مفك البراغي
tournevis
مفتاح ربط
clé
مصباح يد
torche

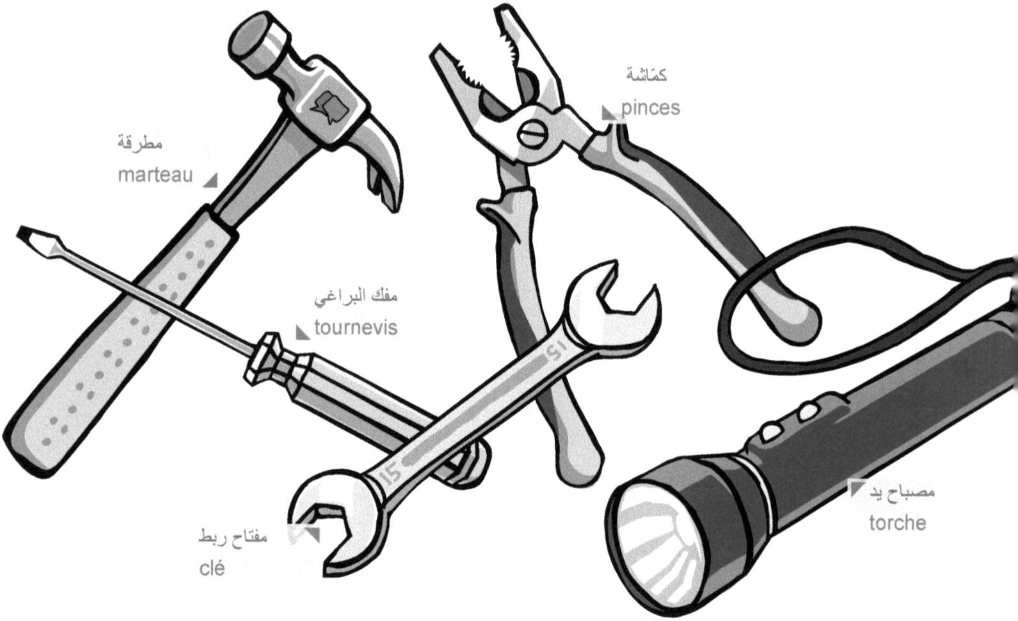

جرافة

pelleteuse

صندوق العدة

boîte à outils

سلّم

échelle

منشار

scie

مسامير

clous

مثقب

perceuse

يصلح

réparer

مجرفة

pelle

اللعنة

Mince !

لقاطة الكناسة

pelle

سطل الألوان

pot de peinture

براغي

vis

آلات موسيقية

instruments de musique

مكبر الصوت
haut-parleurs

آلات الإيقاع
batterie

غيتار
guitare

كمان أجهر
contrebasse

بوق
trompette

بيانو
....
piano

كمنجة
....
violon

جهير
....
basse

طبل كبير
....
timbales

طبل
....
tambour

بيانو كهربائي
....
piano électrique

ساكسوفون
....
saxophone

ناي
....
flûte

ميكروفون
....
microphone

حديقة حيوانات

ZOO

مدخل
entrée
نمر
tigre
قفص
cage
حمار الوحش
zèbre
علف للحيوانات
alimentation animale
دب باندا
panda

حيوانات
animaux

فيل
éléphant

كنغر
kangourou

وحيد القرن
rhinocéros

غوريلا
gorille

دب
ours

جمل

chameau

نعامة

autruche

أسد

lion

قرد

singe

طائر فلامينغو

flamand rose

ببغاء

perroquet

دب قطبي

ours polaire

بطريق

pingouin

سمك القرش

requin

طاووس

paon

أفعى

serpent

تمساح

crocodile

حارس في حديقة الحيوان

gardien de zoo

عجل البحر

phoque

نمر أمريكي مرقط

jaguar

فرس قزم

poney

نمر

léopard

فرس النهر

hippopotame

زرافة

girafe

نسر

aigle

خنزير برّي

sanglier

سمك

poisson

سلحفاة

tortue

حيوان فظ البحري

morse

ثعلب

renard

غزال

gazelle

رياضة

sports

كرة القدم الأمريكية
american Football
ركوب الدراجات
cyclisme
كرة التنس
tennis
كرة السلة
basket-ball
السباحة
natation
الملاكمة
boxe
هوكي الجليد
hockey sur glace

كرة القدم

football

الريشة الطائرة

badminton

ألعاب القوى الخفيفة

athlétisme

كرة اليد

handball

التزلج على الثلج

ski

بولو

polo

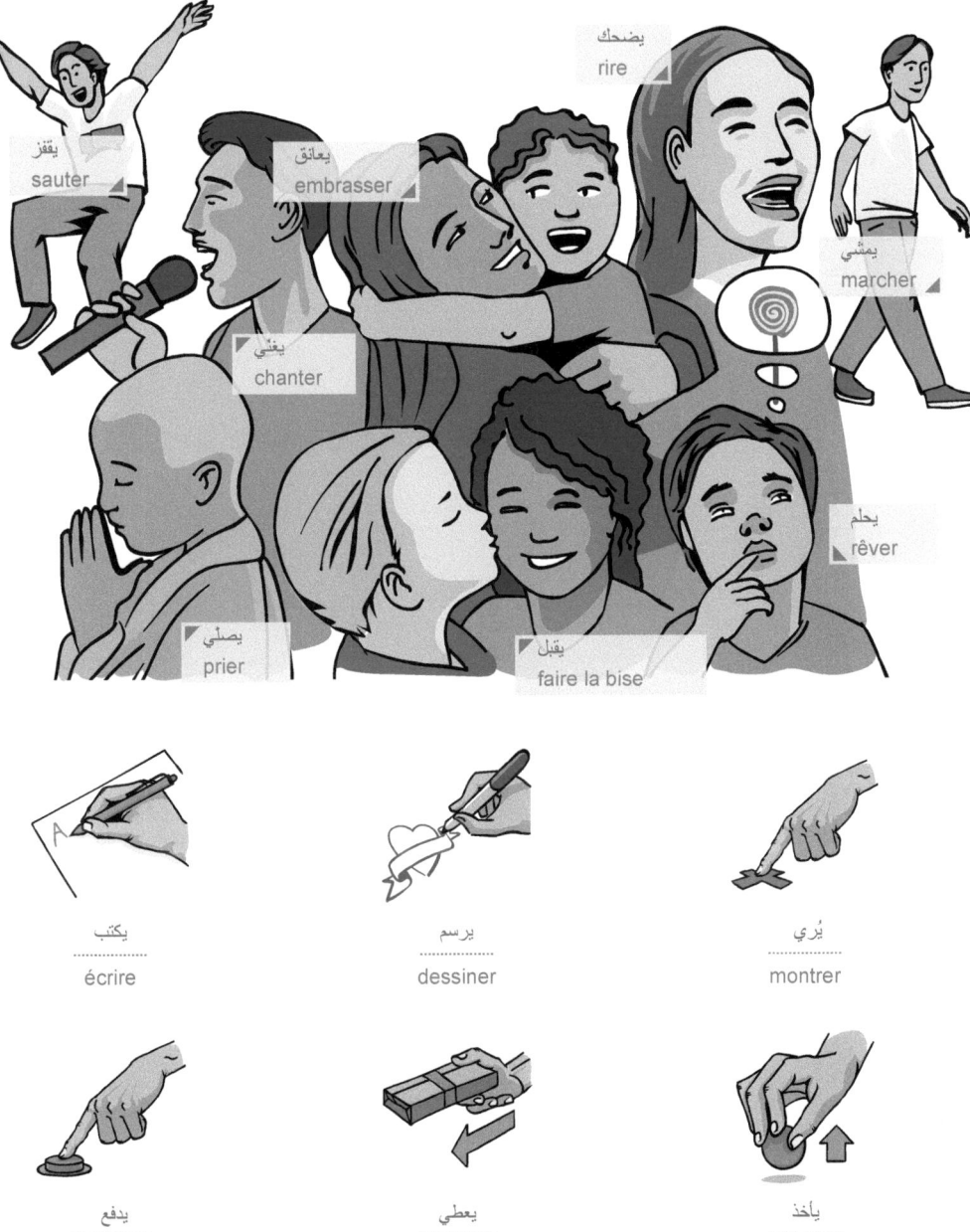

يكتب

écrire

يرسم

dessiner

يُري

montrer

يدفع

pousser

يعطي

donner

يأخذ

prendre

يملك

avoir

يعمل

faire

يوجد

être

يقف

être debout

يركض

courir

يسحب

trier

يرمي

jeter

يقع

tomber

يستلقي

être couché

ينتظر

attendre

يحمل

porter

يجلس

être assis

يلبس

s'habiller

ينام

dormir

يستيقظ

se réveiller

ينظر إلى ..
....
regarder

يبكي
....
pleurer

يمسّد
....
caresser

يمشّط
....
peigner

يتكلم
....
parler

يفهم
....
comprendre

يسأل
....
demander

يسمع
....
écouter

يشرب
....
boire

يأكل
....
manger

يرتب
....
ranger

يحب
....
aimer

يطبخ
....
cuire

يقود
....
conduire

يطير
....
voler

يبحر بزورق شراعي
....
faire de la voile

يحسب
....
calculer

يقرأ
....
lire

يتعلم
....
apprendre

يعمل
....
travailler

يتزوج
....
se marier

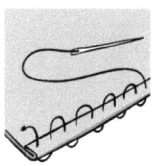

يخيط
....
coudre

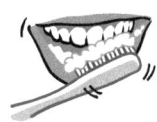

ينظف أسنانه
....
brosser les dents

يقتل
....
tuer

يدخن
....
fumer

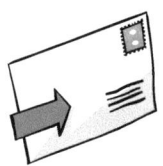

يرسل
....
envoyer

عائلة
famille

جدّة
grand-mère
جدّ
grand-père
أب
père
أم
mère
الطفل
bébé
ابنة
fille
ابن
fils

ضيف

hôte

عمّة / خالة

tante

عمّ / خال

oncle

أخ

frère

أخت

sœur

الجسم

corps

الجبين
front
العين
œil
الكتف
épaule
الإصبع
doigt
الوجه
visage
الذقن
menton
اليد
main
الساق
jambe
الصدر
poitrine
الذراع
bras

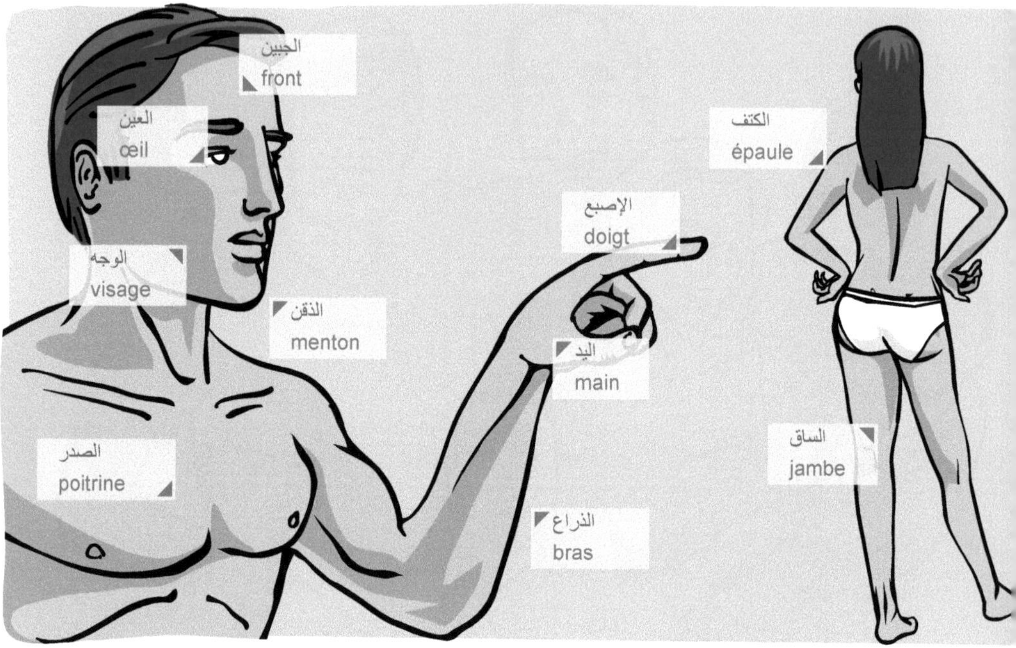

الطفل

bébé

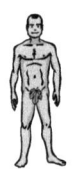

الرجل

homme

المرأة

femme

البنت

fille

الولد

garçon

الرأس

tête

الظهر

dos

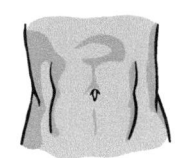

البطن

ventre

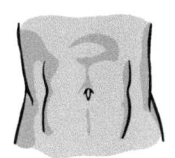

السرّة

nombril

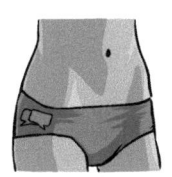

إصبع القدم

orteil

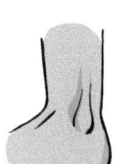

الكعب

talon

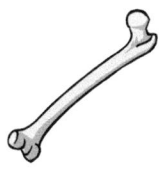

العظم

os

الورك

hanche

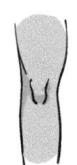

الركبة

genou

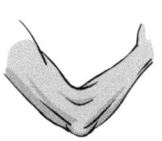

المِرفق

coude

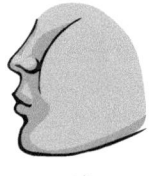

الأنف

nez

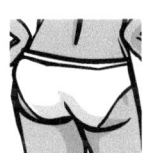

العَجُز

fesses

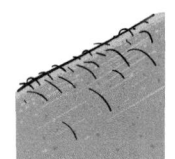

البشرة

peau

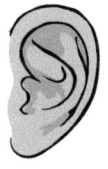

الخد

joue

الأذن

oreille

الشفة

lèvre

الفم
....
bouche

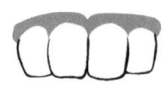

السن
....
dent

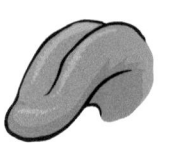

اللسان
....
langue

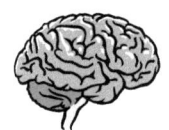

الدماغ
....
cerveau

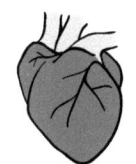

القلب
....
cœur

العضلة
....
muscle

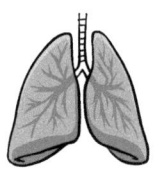

الرئة
....
poumons

الكبد
....
foie

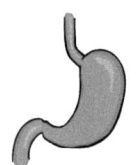

المعدة
....
estomac

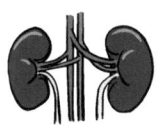

الكِلى
....
reins

الاتصال الجنسي
....
rapport sexuel

الواقي المطاطي
....
préservatif

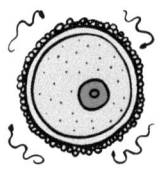

البويضة
....
ovule

المنيّ
....
sperme

الحمل
....
grossesse

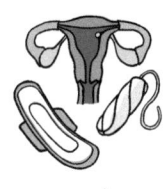

الحيض

menstruation

المهبل

vagin

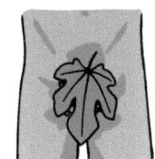

القضيب

pénis

الحاجب

sourcil

الشعر

cheveux

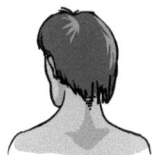

الرقبة

cou

المستشفى
hôpital

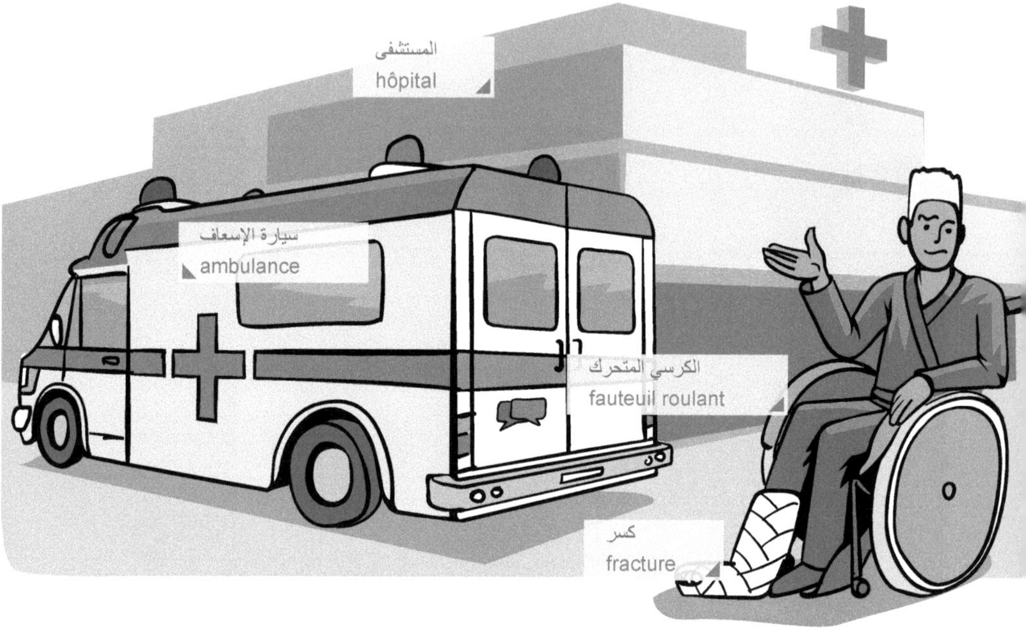

المستشفى
hôpital
سيارة الإسعاف
ambulance
الكرسي المتحرك
fauteuil roulant
كسر
fracture

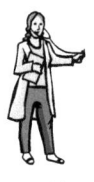

الطبيب

médecin

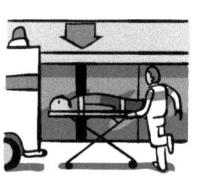

غرفة الإسعاف

service des urgences

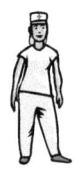

الممرضة

infirmière

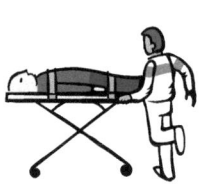

حالة

urgence

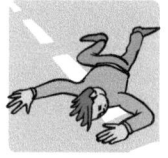

مغمى عليه

inconscient

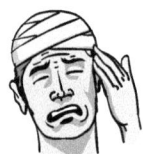

الألم

douleur

إصابة

blessure

النزيف

hémorragie

احتشاء القلب

crise cardiaque

جلطة

attaque cérébrale

حسسية

allergie

السعال

toux

الحُمّى

fièvre

إنفلونزا

grippe

الإسهال

diarrhée

وجع الرأس

mal de tête

السرطان

cancer

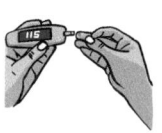

مرض السكر

diabète

جرّاح

chirurgien

مبضع

scalpel

عملية

opération

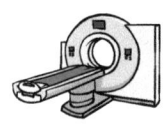

سيتي سكان

CT

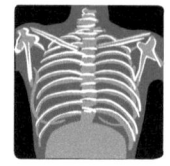

الأشعة السينية

radiographie

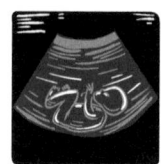

فوق الصوتي

échographie

القناع

masque

المرض

maladie

غرفة الانتظار

salle d'attente

العُكاز

béquille

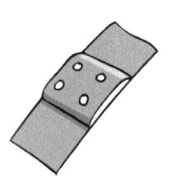

شريط لاصق

pansement

ضماد

pansement

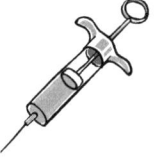

حقنة

injection

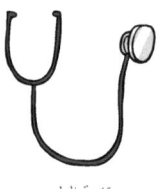

سمّاعة الطبيب

stéthoscope

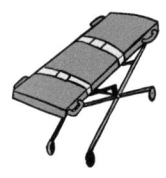

نقالة

brancard

ميزان حرارة

thermomètre

ولادة

accouchement

وزن زائد

surcharge pondérale

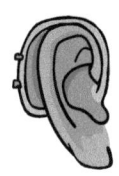

جهاز السمع

appareil auditif

المواد المعقمة

désinfectant

عدوى

infection

فيروس

virus

الإيدز

VIH / sida

الطب

médicament

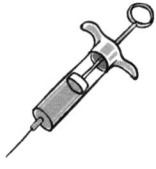

اللقاح

vaccination

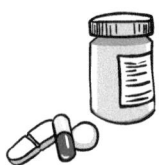

أقراص الدواء

comprimés

حبّة الدواء

pilule

نداء النجدة

appel d'urgence

مقياس ضغط الدم

tensiomètre

مريض / صحيح

malade / sain

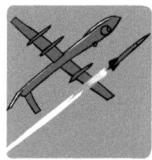

النجدة!

Au secours !

إنذار

alarme

اعتداء

assaut

هجوم

attaque

خطر

danger

مخرج طوارئ

sortie de secours

حريق!

Au feu!

جهاز الإطفاء

extincteur

حادث

accident

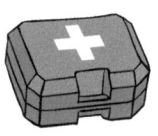

حقيبة الإسعاف الأولي

trousse de premier secours

أنقذونا

SOS

الشرطة

police

أوروبا

Europe

أمريكا الشمالية

Amérique du Nord

أمريكا الجنوبية

Amérique du Sud

أفريقيا

Afrique

آسيا

Asie

أستراليا

Australie

المحيط الأطلسي

Océan atlantique

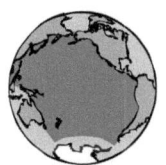

المحيط الهادي

Océan pacifique

المحيط الهندي

Océan indien

المحيط المتجمد الجنوبي

Océan antarctique

المحيط المتجمد الشمالي

Océan arctique

القطب الشمالي

pôle nord

القطب الجنوبي

pôle sud

منطقة القطب الجنوبي

Antarctique

أرض

terre

بر

pays

بحر

mer

جزيرة

île

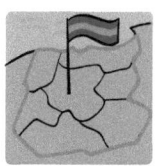

أمة

nation

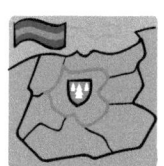

دولة

état

ساعة

...heure(s)

ميناء الساعة

....

cadran

عقرب الساعات

....

aiguille des heures

عقرب الدقائق

....

aiguille des minutes

عقرب الثواني

....

aiguille des secondes

كم الساعة الآن؟

....

Quelle heure est-il ?

يوم

....

jour

زمن

....

temps

الآن

....

maintenant

ساعة رقمية

....

montre digitale

دقيقة

....

minute

ساعة

....

heure

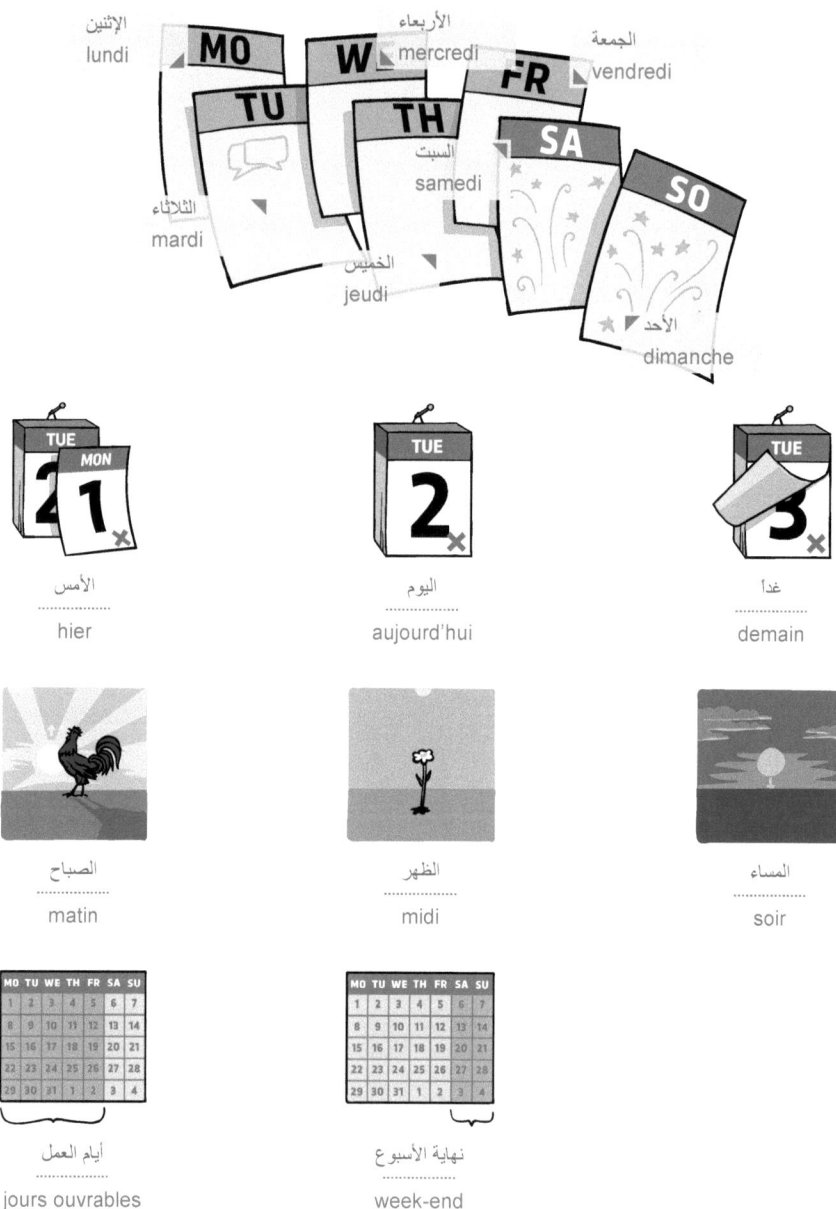

أسبوع
semaine

الإثنين
lundi
الثلاثاء
mardi
الأربعاء
mercredi
الخميس
jeudi
الجمعة
vendredi
السبت
samedi
الأحد
dimanche
SA

الأمس

hier

اليوم

aujourd'hui

غداً

demain

الصباح

matin

الظهر

midi

المساء

soir

أيام العمل

jours ouvrables

نهاية الأسبوع

week-end

سنة

année

قوس قزح
arc-en-ciel
مطر
pluie
ثلج
neige
ريح
vent
الربيع
printemps
الخريف
automne
الصيف
été
الشتاء
hiver

4.APRIL 11°
5.APRIL 4°
6.APRIL 13°
7.APRIL 8°
8.APRIL 10°

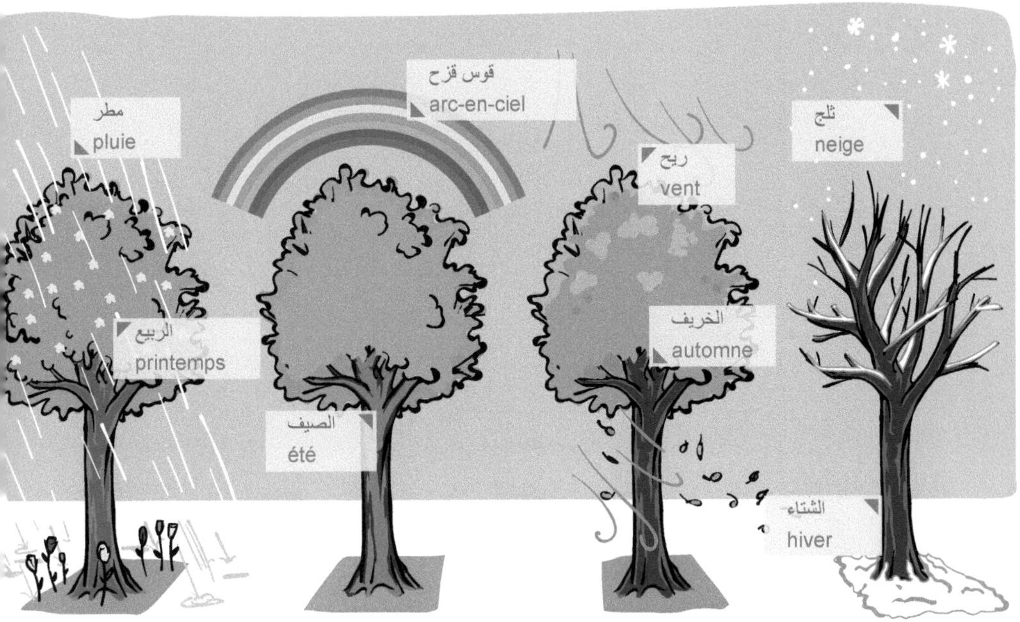

التنبؤ بالحالة الجوية

....

météo

C
0
10
0
-10

مقياس حرارة

....

thermomètre

ضوء الشمس

....

lumière du soleil

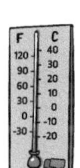

سحابة

....

nuage

ضباب

....

brouillard

رطوبة الجو

....

humidité

برق

foudre

رعد

tonnerre

عاصفة

tempête

بَرَد

grêle

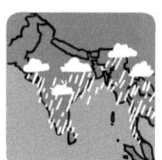

ريح موسمية

mousson

طوفان

inondation

جليد

glace

كانون الثاني / يناير

janvier

شباط / فبراير

février

آذار / مارس

mars

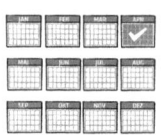

نيسان / أبريل

avril

أيار / مايو

mai

حزيران / يونيو

juin

تموز / يوليو

juillet

آب / أغسطس

août

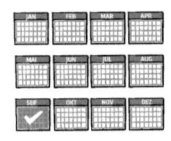

أيلول / سبتمبر
....
septembre

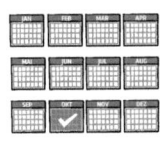

تشرين الأول / أكتوبر
....
octobre

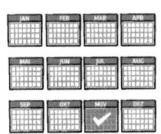

تشرين الثاني / نوفمبر
....
novembre

كانون الأول / ديسمبر
....
décembre

أشكال

formes

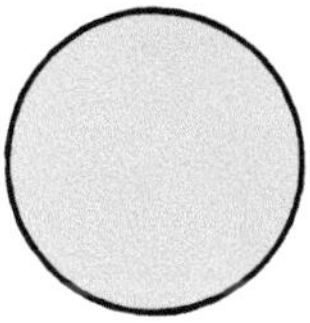

دائرة
....
cercle

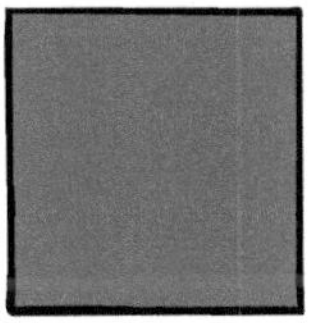

مربّع
....
carré

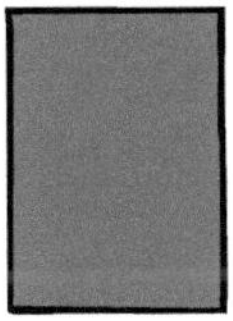

مستطيل
....
rectangle

مثلّث
....
triangle

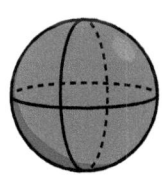

كرة
....
sphère

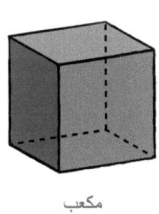

مكعب
....
cube

ألوان

couleurs

أبيض
....
blanc

أصفر
....
jaune

برتقالي
....
orange

وردي
....
rose

أحمر
....
rouge

بنفسجي
....
violet

أزرق
....
bleu

أخضر
....
vert

بنّي
....
marron

رمادي
....
gris

أسود
....
noir

الأضداد
oppositions

كثير / قليل

beaucoup / peu

غضبان / هادئ

fâché / calme

جميل / قبيح

joli / laid

بداية / نهاية

début / fin

كبير / صغير

grand / petit

فاتح / قاتم

clair / obscure

أخ / أخت

frère / soeur

نظيف / وسخ

propre / sale

كامل / ناقص

complet / incomplet

نهار / ليل

jour / nuit

ميت / حيّ

mort / vivant

عريض / ضيّق

large / étroit

صالح للأكل / غير صالح

comestible / incomestible

شرّير / لطيف

méchant / gentil

مثير / ممل

excité / ennuyé

سمين / نحيف

gros / mince

أولاً / أخيراً

premier / dernier

صديق / عدو

ami / ennemi

مليء / فارغ

plein / vide

صلب / ليّن

dur / souple

ثقيل / خفيف

lourd / léger

جوع / عطش

faim / soif

مريض / صحيح

malade / sain

غير شرعي / شرعي

illégal / légal

ذكي / غبي

intelligent / stupide

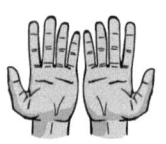

يسار / يمين

gauche / droite

قريب / بعيد

proche / loin

جديد / مستعمل

nouveau / usé

لا شيء / بعض الشيء

rien / quelque chose

مسن / شاب

vieux / jeune

يشعل / يطفئ

marche / arrêt

مفتوح / مغلق

ouvert / fermé

خافت / عالٍ

faible / fort

غني / فقير

riche / pauvre

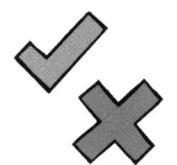

صح / خطأ

correct / incorrect

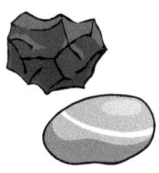

أحرش / املس

rugueux / lisse

حزين / سعيد

triste / heureux

قصير / طويل

court / long

بطيء / سريع

lent / rapide

مبلول / جاف

mouillé / sec

ساخن / بارد

chaud / froid

حرب / سلم

guerre / paix

أرقام
nombres

0	1	2
صفر	واحد	اثنان
zéro	un / une	deux
3	4	5
ثلاثة	أربعة	خمسة
trois	quatre	cinq
6	7	8
ستة	سبعة	ثمانية
six	sept	huit
9	10	11
تسعة	عشرة	أحد عشر
neuf	dix	onze

12

اثنا عشر

douze

13

ثلاثة عشر

treize

14

أربعة عشر

quatorze

15

خمسة عشر

quinze

16

ستة عشر

seize

17

سبعة عشر

dix-sept

18

ثمانية عشر

dix-huit

19

تسعة عشر

dix-neuf

20

عشرون

vingt

100

مائة

cent

1.000

ألف

mille

1.000.000

مليون

million

اللغات

langues

الإنكليزية

anglais

الإنكليزية الأمريكية

anglais américain

لغة ماندارين الصينية

chinois mandarin

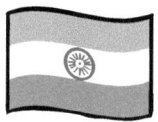

الهندية

hindi

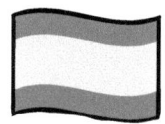

الإسبانية

espagnol

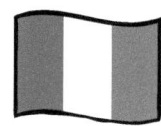

الفرنسية

français

العربية

arabe

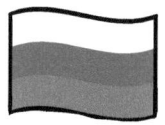

الروسية

russe

البرتغالية

portugais

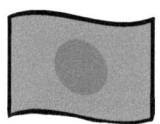

البنغالية

bengali

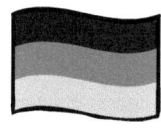

الألمانية

allemand

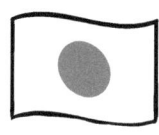

اليابانية

japonais

من / ماذا / كيف
qui / quoi / comment

أنا

je

أنت

tu

هو / هي

il / elle / ce, c', cela

نحن

nous

أنتم

vous

هم

ils / elles

من؟

Qui ?

ماذا؟

Quoi ?

كيف؟

Comment ?

أين؟

Où ?

متى؟

Quand ?

اسم

nom

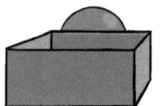

أين
où

خلف

derrière

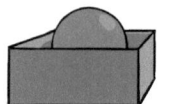

في

dans

أمام

devant

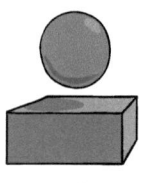

فوق

au-dessus

على

sur

تحت

en-dessous

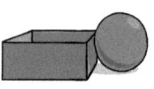

جنب

à côté de

بين

entre

مكان

lieu